사랑은
필사적

쓸수록 선명해지는 사랑,
한 글자씩 마음에 새기는 필사의 시간

노연경 지음

GUIDE.

- '사랑'에 관한 언어를 읽고 쓰며, 조금이나마 내 마음을 들여다보는 따뜻한 시간이 되길 바랍니다.

- 문장과 필사 공간 사이사이 사랑에 관한 제 에세이가 담겨 있습니다. 그리고 당신께 묻고 싶은 사랑에 대한 질문을 적어보았습니다. 조금씩 선명해지는 나의 이야기를 기록해보세요.

- 마지막으로, 사랑의 문장들과 당신의 이야기를 쓸 수 있도록 영감이 된 사람에게 이 책을 전할 수 있도록 빈 페이지를 남겨두었습니다. 전하고 싶은 마음을 편지하세요.

- 당신의 이야기가 궁금합니다. 당신의 사랑이 궁금합니다.

- 그럼, 쓰는 동안 사랑이 가득하길!

사랑은
필사적

쓸수록 선명해지는 사랑,
한 글자씩 마음에 새기는 필사의 시간

노연경 지음

차례

프롤로그 10

1장 일상에 별가루가 내려앉는 일

01 윌리엄 셰익스피어, 《로미오와 줄리엣》 14

02 윤동주, 〈소년〉 16

03 김상현, 《그럼에도 불구하고》 18

04 정지용, 〈호수〉 20

05 한용운, 〈복종〉 22

06 앙투안 드 생텍쥐페리, 《어린 왕자》 24

07 제인 오스틴, 《이성과 감성》 26

08 방정환, 〈꽃 속의 작은 이〉 28

09 김우석, 《가끔 내가 마음에 들었지만, 자주 내가 싫었다》 30

10 에밀리 디킨슨, 이름 없는 시 32

11 신하영, 《사랑은 하지 않고 있습니다》 34

12 기 드 모파상, 〈달빛〉 36

13 김상현, 《내가 죽으면 장례식에 누가 와줄까》 38

에세이 1 40

2장 해명하기 전에 시작된 사랑

14 샬럿 브론테,《제인 에어》46

15 이상화,〈이별을 하느니〉 48

16 노연경,《행복은 능동적》50

17 제인 오스틴,《오만과 편견》52

18 안시내,《행복은 언제나 당신의 편》54

19 한용운,〈사랑하는 까닭〉 56

20 김우석,《가끔 내가 마음에 들었지만, 자주 내가 싫었다》58

21 이효석,〈풀잎〉 60

22 조원희,《남에게 좋은 사람보다 나에게 좋은 사람》62

23 윤수빈,《때가 되면 너의 정원에 꽃이 필 거야》64

24 이반 세르게예비치 투르게네프,《첫사랑》66

25 김상현,《그럼에도 불구하고》68

26 나도향,〈별을 안거든 울지나 말걸〉 70

27 김기방,《오늘도 우린 빵을 먹는다》72

에세이 2 74

3장 사랑, 어느새 일상이 된 불청객

에세이 3 83

28 앤소니 드 멜로, 《깨어나십시오!》 84

29 조원희, 《남에게 좋은 사람보다 나에게 좋은 사람》 86

30 한용운, ('사랑'을 사랑하여요) 88

31 헨리 제임스, 《여인의 초상》 90

32 노연경, 《행복은 능동적》 92

33 이해인, 《감정은 사라져도 결과는 남는다》 94

34 이효석, 〈사랑하는 까닭에〉 96

35 김기방, 《오늘도 우린 빵을 먹는다》 98

36 빈센트 반 고흐, 서간문 100

37 나봄, 《치즈덕이라서 좋아!》 102

38 권용휘, 《계절의 단상》 104

39 김상현, 《내가 죽으면 장례식에 누가 와줄까》 106

40 루시 모드 몽고메리, 《빨간 머리 앤》 108

41 비탈리 카스넬슨, 《죽음은 통제할 수 없지만 인생은 설계할 수 있다》 110

42 이해인, 《감정은 사라져도 결과는 남는다》 112

에세이 4 114

4장 질투하는 마음

43 안리나, 《불완전한 것들의 기록》 122

44 프리드리히 니체, 《세상을 어떻게 이해할 것인가》 124

45 양귀자, 《모순》 126

46 김상현, 《그럼에도 불구하고》 128

47 허민, 〈이별〉 130

48 샬롯 뮤, 〈방들〉 132

49 《명심보감》 134

50 무라세 다케시, 《세상의 마지막 기차역》 136

51 에밀리 브론테, 《폭풍의 언덕》 138

52 양귀자, 《모순》 140

53 일홍, 《잘 살고 싶은 마음이 어렵게 느껴질 때》 142

54 크리스티나 로세티, 〈내가 먼저 너를 사랑했지만, 그 후에 네 사랑은〉 144

55 레프 톨스토이, 《안나 카레니나》 146

에세이 5 148

5장 이별과 함께 살아가기

에세이 6 158

56 한용운, 〈이별〉 162

57 이숌, 《얼어 죽어도 아이스 아메리카노》 164

58 에드나 세인트 빈센트 밀레이, 〈썰물〉 166

59 안시내, 《행복은 언제나 당신의 편》 168

60 김소월, 〈가는 길〉 170

61 미겔 데 세르반테스, 《돈키호테》 172

62 비탈리 카스넬슨, 《죽음은 통제할 수 없지만 인생은 설계할 수 있다》 174

63 칼릴 지브란, 《예언자》 176

64 구슬기, 《쉽게 사랑하고 어렵게 미워하고 싶지만》 178

65 에밀리 브론테, 〈집은 조용하다〉 180

66 이반 세르게예비치 투르게네프, 《첫사랑》 182

67 오주환, 《잘 살고 싶은 마음》 184

68 크리스티나 로세티, 〈기억해 줘요〉 186

69 노자영, 〈영원한 이별〉 188

에세이 7 191

6장 여전히 새로 쓰는 사랑

에세이 8 198

70 사라 티즈데일, 〈연금술〉 200

71 제인 오스틴, 《이성과 감성》 202

72 유리 준, 《기적의 카페, 카에데안》 204

73 마르쿠스 아우렐리우스, 《명상록》 206

74 데비 존슨, 《파인딩 조》 208

75 에드나 세인트 빈센트 밀레이, 〈출발〉 210

76 이솜, 《얼어 죽어도 아이스 아메리카노》 212

77 에리히 프롬, 《사랑의 기술》 214

78 조원희, 《남에게 좋은 사람보다 나에게 좋은 사람》 216

79 아드리아네 앤 프록터, 〈하나하나〉 218

80 라이너 마리아 릴케, 《젊은 시인에게 보내는 편지》 220

에세이 9 223

에필로그 228

프롤로그

미국 캔자스 시골 호텔 방에 앉아 이 글을 씁니다. 미국으로 오기 전 대뜸 뜬금없는 부탁을 하나 받았습니다. 여름이 오기 전에 사랑에 관한 글을 써줄 수 없겠냐고요. 당장 다음 주면 사랑하는 이를 두고 10,000km가 넘는 여행길을 떠나는데, 예, 사랑을 쓰겠다. 그렇게 답을 드렸습니다. 사랑이 내 곁에 없는 때가, 그것에 대해 더 많이 생각하게 되는 시간이니까요. 사랑이 곁에 있으면 무뎌진다고요, 아닙니다. 진정한 사랑이 곁에 있으면 사랑이 점점 옮아 몸집이 불어지지요. 다만 그리움의 감정이 무뎌집니다. 제겐 그리움도 사랑의 한 모양입니다. 사랑하지 않으면 보고 싶어 할 일도, 그리워할 일도 없지요.

'그리워하다.'

사전상의 의미로 '사랑하여 몹시 보고 싶어 하다'라 합니다. 새삼 그렇게 알고 보니, 저는 항상 그를 그리워하는 것 같습니다. 분명 새벽 내 밤을 꼴딱 새워 그와 재잘재잘 대화를 나누고, 꼭 부둥켜안고 잠을 청했는데 말입니다. 그 같은 행위가 같이 살기로 한 뒤로 수개월째 반복되고 있는데 말입니다. 그가 출근할 때가 되면, 왜 그렇게나 그가 미운지 말입니다. 또 나만 두고 일을 가느냔 거면서. 어차피 저녁이면 또 볼 건데 말입니다. 그가 그렇게 출근하고 나면 저에겐 단지 일에 매진하는 일밖에는 달리 할 것이 없다고 느껴집니다. 그가 퇴근해 다시 서로를 부둥켜안고 있을 그 시간만을 기다리면서요. 그러면 저는 일기장을 꺼내 글을 씁니다. '나만 두고 일을 나가는 오빠가 밉다.' 그를 사랑한 뒤로는, 그를 사랑하기로 한 뒤로는, 매일이 그를 기다리는 날입니다. 사랑은, 내 곁에 있을 때보다, 내 곁에 없을 때 더 많이 생각하고 더 많이 보고 싶어 하기 마련입니다. 그래서 저는 미국에서 그를 그리며, 사랑에 대해 쓰기로 했습니다. 지금도 그가 많이 보고 싶습니다.

노연경

1장

일상에 별가루가
내려앉는 일

01

사랑은 탄식 속에서 피어나는 연기.

정화되면, 연인의 눈에서 반짝이는 불꽃이 되고,

괴로우면, 연인의 눈물로 이뤄진 바다가 되지.

사랑이란 무엇인가? 가장 이성적인 광기요,

숨을 조이는 쓸개즙 같으면서도,

견뎌내게 하는 달콤함이지.

윌리엄 셰익스피어,《로미오와 줄리엣》

02

여기저기서 단풍잎 같은 슬픈 가을이 뚝뚝 떨어진다. 단풍잎 떨어져 나온 자리마다 봄을 마련해 놓고 나뭇가지 위에 하늘이 펼쳐 있다. 가만히 하늘을 들여다보려면 눈썹에 파란 물감이 든다. 두 손으로 따뜻한 볼을 쓸어보면 손바닥에도 파란 물감이 묻어난다. 다시 손바닥을 들여다본다. 손금에는 맑은 강물이 흐르고, 맑은 강물이 흐르고, 강물 속에는 사랑처럼 슬픈 얼굴-아름다운 순이의 얼굴이 어린다. 소년은 황홀히 눈을 감아 본다. 그래도 맑은 강물은 흘러 사랑처럼 슬픈 얼굴-아름다운 순이의 얼굴은 어린다.

윤동주, 〈소년〉

03

목이 메이고 숨이 막히는 걸 보면,
이제는 당신을 향한 모든 몸짓이
사랑이라는 걸 알 수 있다.

아, 사랑이구나. 사랑.

김상현,《그럼에도 불구하고》,
필름, 2017

04

얼굴 하나야
손바닥 둘로
폭 가리지만,

보고 싶은 마음
호수만 하니
눈 감을 밖에

정지용, 〈호수〉

05

남들은 자유를 사랑한다지마는 나는 복종을 좋아하여요.
자유를 모르는 것은 아니지만 당신에게는 복종만 하고 싶어요.
복종하고 싶은데 복종하는 것은 아름다운 자유보다도 달콤합니다. 그것이 나의 행복입니다.

그러나 당신이 나더러 다른 사람을 복종하라면 그것만은 복종할 수가 없습니다.
다른 사람에게 복종하려면 당신에게 복종할 수가 없는 까닭입니다.

한용운, 〈복종〉

06

"네가 오후 4시에 온다면 나는 3시부터 기뻐지기 시작할 거야. 시간이 갈수록 마음은 점점 더 설레고, 환해지겠지. 4시가 되면 너무 행복해서 가슴이 뛰고, 안절부절못할 거야. 그리고 마침내 행복에도 대가가 있다는 걸 알게 되겠지!"

앙투안 드 생텍쥐페리, 《어린 왕자》

07

내가 그의 마음을 알 수 있다면, 모든 일이 쉬워질 텐데.

제인 오스틴,《이성과 감성》

08

그 작은 이의 얼굴이 이 세상 누구보다도 어여쁘고, 마음이 끔찍이 착해서, 아무 짓도 하지 않고, 그 향내 많고 따뜻한 꽃 속 집에서 날마다 날마다 평화롭게 놀고 있었습니다.

방정환, 〈꽃 속의 작은 이〉

09

좋아한다는 마음은 가장 아름다운 걸 그려주고 싶은 마음에서 비롯되었다. 예컨대 달을 그리고선 앞으로 저 달을 보며 당신을 생각하겠다고 하는 마음이랄까.

김우석,《가끔 내가 마음에 들었지만, 자주 내가 싫었다》,
필름, 2021

10

사랑은 삶보다 먼저 찾아와

죽음 뒤에 머무르며

창조의 시작이자

숨결의 표현이다

에밀리 디킨슨, 이름 없는 시

11

내게 인연은 우주였다. 언제 부딪힐지 모르는 별들의 향연에서 나는 당신을 만났고 이것을 기적 그 이상으로 생각하기도 했다. 본래 인연이라는 것은 별만큼이나 아름답고 무거운 것이니까.

신하영,《사랑은 하지 않고 있습니다》,
딥앤와이드, 2020

12

"언니, 내 말 좀 들어봐. 우리가 사랑하는 건 꼭 남자가 아니라 사랑이라는 감정 그 자체잖아. 그날 밤, 언니가 정말 사랑한 건 사실 그 사람보다도 저 달빛이었을 거야."

기 드 모파상, 〈달빛〉

13

외로움은 누구나의 삶에 기본적으로 깔려 있는 감정이다. 우리는 외로움 속에서 벗어나려고 일을 하고, 사람을 만나며, 사랑을 한다. 삶 속에서 관계를 유지시키는 데에 있어서 외로움은 약간의 윤활제 역할을 하고 있는 건 아닐까 하는 생각을 하곤 한다.

김상현, 《내가 죽으면 장례식에 누가 와줄까》,
필름, 2020

에세이 1

제가 먼저 일이 끝난 날에는 서점에 가서 그를 기다립니다. 그가 일을 마치고 집에 오는 동안을 서점에서 책을 읽는 시간으로 정해둔 까닭입니다. 그러다 표지가 정말 예쁜 책, 2페이지 읽었을 뿐인데 벌써 내 영혼과 맞닿아 있다 느껴지는 책 등을 바로 구매합니다. 계획에 없던 소비를 하게 된다는 것이 문제라면 문제이지만, 3-40분 남짓 되는 시간에 이런저런 책과 문구를 들추어 볼 수 있어 아주 유용한 시간이 됩니다. 그러다 그가 도착했다는 소식에 서둘러 내려가면, 나를 기다리는 그의 모습이 멀리 보입니다. 그러면 저는 잠시 몰래 지켜보다가 반갑게 그에게 달려갑니다. 사실은 책을 읽기보다는 나를 기다리고 있는 그의 모습을 보기 위해 서점에 갑니다. 집에서 일하는 저에겐 대부분의 시간이 그를

기다리는 시간이기 때문입니다. 그도 나를 기다리는구나. 그 모습을 볼 때면 그렇게 반가울 수가 없습니다.

하루는 그를 기다리러 영풍문고에 가는 길에 과자점에 들렀습니다. '내 마음', '최고야'라고 적힌 알사탕 모양의 500원짜리 작은 초콜릿 두 개를 샀습니다. 그가 오자마자 두 개를 다 건네며 하나를 고르라고 했습니다. 그는 '최고'는 자신이 만들 수 있는 거라면서 '내 마음'이 적힌 초콜릿을 골랐습니다. 그를 기다리며 산 작은 초콜릿 두 개, 하찮은 선택지 두 개 중 최선을 선택한 그의 마음. 고작 출퇴근했을 뿐인 별거 아닌 기다림과 마음에 둘은 그리 호들갑을 다 떱니다. 퇴근 후의 달콤한 귀갓길. 500원의 행복. 고된 기다림 끝에 주어진 달콤한 만남. 별것도 아닌 일상에 반짝반짝 별가루를 뿌려주는 일. 이것이 바로 사랑의 당분이 아닐까 합니다.

Q. 사랑하는 사람에게 가장 주고 싶은 마음이 있나요?

Q. 사랑을 처음 알아차린 순간을 기억하나요?

2장

해명하기 전에 시작된 사랑

14

처음으로 내가, 진정으로 사랑할 수 있는 것을 찾았어요. 바로 당신이요.

샬럿 브론테,《제인 에어》

15

어쩌면 너와 나 떠나야겠으며
아무래도 우리는 나뉘어야겠느냐
우리 둘이 나뉘어 생각하며 사느니보다
차라리 바라보며 우리 별이 되자

이상화, 〈이별을 하느니〉

16

결국 누구를 사랑하겠는가의 고민의 답은 어떤 방식으로든 그 누구도 아닌 바로 나 자신을 사랑할 거라고. 그 모든 선택이 결국엔 나를 사랑하기 위한 선택이었다고 말이다.

노연경, 《행복은 능동적》,
필름, 2024

17

춤을 즐긴다는 건, 사랑에 빠지기 위한 첫걸음이었다.

제인 오스틴, 《오만과 편견》

18

사랑에 빠진 것을 순식간에 알아챘다. 그와 있으면 내 안의 모든 복잡함이 사라졌다. 다음 사랑이 없을까 봐 불안해졌다.

안시내, 《행복은 언제나 당신의 편》,
필름, 2025

19

내가 당신을 사랑하는 것은 까닭이 없는 것이 아닙니다
다른 사람들은 나의 홍안만을 사랑하지마는 당신은 나의 백발도 사랑하는 까닭입니다

한용운, 〈사랑하는 까닭〉

20

꽃을 보니 네가 더 보고 싶어. 뻔하지 않은 말들로 매일 똑같은 하루를 특별하게 만들어주는 것. 바쁘다고 서로의 안부를 미루지 않는 것. 그러면서 서서히 서로의 일상이 되어주는 거야말로 사랑이지 않을까.

김우석,《가끔 내가 마음에 들었지만, 자주 내가 싫었다》, 필름, 2021

21

"그 말이 제게 안심과 용기를 줘요. 웬일인지 자꾸만 겁이 났어요. 낮과 밤이 너무두 아름다워요. 모든 게 요새는 꼭 우리 둘만을 위해서 마련돼 있는 것만 같구먼요."

이효석, 〈풀잎〉

22

가지고 있는 마음을 아무리 속이려 해도 쉽게 속일 수 없는 게 사랑이야. 있는 거 없는 거 다 꺼내줘도 부족한 게 사랑이야.

조원희(무채색), 《남에게 좋은 사람보다 나에게 좋은 사람》, 필름, 2023

23

'사랑'을 주고받을 때 서로의 존재가치가 한껏 올라가는 그 느낌을 숨 쉬듯 들이마실 수 있다면 얼마나 행복할까.

윤수빈,《때가 되면 너의 정원에 꽃이 필 거야》,
필름, 2023

24

그 사람 앞에서 나는 타오르듯이 불탔다. 그 불길의 정체를 아는 것이 무슨 소용이 있었을까.
그저 그 불길 속에서 타오르고 녹아내리는 일이 황홀했기에, 그것으로 충분했다.

이반 세르게예비치 투르게네프, 《첫사랑》

25

눈을 읽었다.
사랑이랬다.

목마른 것도
배고픈 것도 아니라면,
사랑한다는 말을
너무 빨리 삼켜버리지 말라 그랬다.

김상현, 《그럼에도 불구하고》,
필름, 2017

26

그러하나 저희는 사랑을 생각할 때마다 마음이 두근거립니다. 처음은 이성에게 사랑을 구하는 자가 누가 주저하지 않은 자가 있고 누가 가슴이 떨리지 않는 자가 있을까요. 그러면 사랑이란 죄악일까요? 죄지은 자와 똑같은 떨림과 불안을 깨닫는 것은 어찌함일까요.

나도향, 〈별을 안거든 울지나 말걸〉

27

드디어 그녀가 왔다! 미친 듯이 떨렸지만 전혀 아무렇지 않은 척 마음을 추스르며 자연스럽게 인사했다. 환하게 웃어주는 그녀는 참 예뻤다. 웃는 모습을 보고 생각했다. 아, 이 사람이랑 만나고 싶다.

김기방,《오늘도 우린 빵을 먹는다》,
필름, 2019

에세이 2

분명 나는 그를 광활한 하늘을 보는 경이로운 마음으로 사랑합니다. 깊고 넓은 그의 눈에 말로 다할 수 없는 아름다움이 존재하지요. 오롯이 나만 볼 수 있는 그의 마음이요. 그러나 친구들을 만나는 순간, 제 마음은 겨우 이딴 식으로 튀어나옵니다. "아! 나는 오빠가 너무 좋아!" 그 말을 전하는 순간 저는 사랑에 빠진 응석받이 아기가 된 느낌입니다. 마치 첫사랑에 눈이 먼 사춘기 소녀가 된 것처럼요. 그가 나의 아픔을 보듬어 주었던 성스러운 순간이 있습니다. 내가 그의 마음 깊숙이 공감했던 공명의 순간이 있지요. 그런 순간들은 말로 표현을 할 수가 없습니다. 그것은 우리가 나눈 심연입니다. 말로 꺼내는 순간, 갯가에서 치는 물장난처럼 얕아지지요. 그러면 저는 때때로 말을 아낍니다. "우린, 그냥 좋아." 겨우 이런 식의 말들로요. 하지만 그것이 제가 말하고자 하는 모든 것입니다. 설명이 무엇이 필요하나요? 말이 무엇이 필요하나요? 말로 하는 것은 그 아무것도 의미가 없습니다. 당신과 나를 설명하는 말은, 그다지 많이 필요하지 않습니다.

세상에 이런 유치한 마음도 다 있나? 싶습니다. 어떻게 하면, 그와 나의 이야기를 더 잘 말할 수가 있지? 어떻게 하면 더 있어 보이게 말할 수 있을까? 그와 내가 진심으로 나눈 마음에 앞서 이런 고민들은 참으로 가식적으로만 느껴집니다. 내 마음을 꾸며야만 하는가? 꾸며 보여줘야 할 사이인가? 남에게. 우리 둘이 나눈 마음으로 충분한데. 말로 표현하려는 마음은 가볍게만 느껴집니다. 그래서 남에게 말로 하는 마음이란, 전혀 하등 쓸모가 없게만 느껴질 뿐입니다. 말로 하는 마음이 무슨 소용입니까? 말로는 아무것도, 아무 사랑도 표현할 수가 없습니다.

Q. 말보다 행동이 먼저 움직였던 순간이 있나요?

Q. 당신의 사랑을 다른 단어로 표현한다면,
어떤 단어일까요?

Q. 설명할 수 없는 사랑의 순간을 겪어본 적 있나요?

3장

사랑, 어느새
일상이 된 불청객

에세이 3

내가 어리광을 부리거나 철없는 듯 푼수짓을 할 때 당신은 옆에서 "에휴-" 하며 한숨을 팍팍 쉽니다. 그럴 때마다 나는 웃음이 납니다. 당신이 마치 '그래도 내 건데 어쩌겠어'라 말하는 것 같아서. 나는 당신에게 원 없이 어리광을 부립니다. 나는 당신을 만나면 6살 난 아이처럼 간드러지게 웃습니다. 솜사탕을 떼어 먹는 아이처럼, 그것이 입 안에서 순식간에 사르르 녹아 없어질 단 한 찰나일 뿐일지라도 순수함이 넘치는 확실한 행복을 느낍니다. 당신이 누가 뭐래도 나의 것이라는 사실이 안정감이 듭니다. 떠날 일이 없고 언제나 있어 줄 거라는 사실. 누가 뭐래도 나를 제일 위하고 나를 제일 지키고 나를 제일로 사랑해 줄 사람. 든든한 당신.

28

그녀는 그녀의 행복을 희생하여 나를 사랑하겠고,
나는 나의 행복을 희생하여 그녀를 사랑하겠고,
그래서 불행한 사람 둘이 생겨나겠지만, 사랑 만세!

앤소니 드 멜로,《깨어나십시오!》,
김상준 옮김, 분도출판사, 2005

29

사랑하며 살아간다는 건, 이토록 이기적인 사람이었던 내가 불편함을 감수하더라도 관계를 위해 노력하게 되는 것. 오직 나만의 행복이 아닌 우리의 행복을 바랄 수 있는 것.

조원희(무채색),《남에게 좋은 사람보다 나에게 좋은 사람》, 필름, 2023

30

온 세상 사람이 나를 사랑하지 아니할 때에 당신만이 나를 사랑하였습니다
나는 당신을 사랑하여요 나는 당신의 '사랑'을 사랑하여요

한용운, 〈'사랑'을 사랑하여요〉

31

당신을 사랑한 덕분에 나는 더 나은 사람이 되었어요. 더 지혜롭고, 더 여유로우며, 더 빛나는 존재로요.

헨리 제임스, 《여인의 초상》

32

한 사람에게 특별함을 부여하는 것만큼 나를 더 특별하게 만들어주는 것은 없다. 나는 너를 사랑함으로써 특별해진다. 사랑은 나를 위해서 하는 거다.

노연경,《행복은 능동적》,
필름, 2024

33

그렇게 서로 자꾸 마음을 쓰면
마음이 단단해진다.
상처받아 여려졌던 마음들까지도.

이해인, 《감정은 사라져도 결과는 남는다》,
필름, 2023

34

님이여, 달빛을 타고 이 밤에 내 꿈속에 숨어드소서. 그대의 날개가 자유롭게 들어오도록 나는 벽마다의 창을 모두 활짝 열어젖히리다.

이효석, 〈사랑하는 까닭에〉

35

사랑하는 사이에 다툼이 꼭 좋다는 건 아니다. 하지만 상대방이, 내가 사랑하는 사람이 어떤 생각을 하고 있는지 알 수 있는 하나의 방법일 수 있다. 물론 서로를 존중하고 사랑해야 한다는 전제조건이 있어야 한다.

김기방,《오늘도 우린 빵을 먹는다》,
필름, 2019

36

사람을 사랑하는 일만큼 예술적인 일은 없다.

빈센트 반 고흐, 서간문

37

나라는 이유만으로도 좋다는,
엄청난 사랑이지.
얼마나 고마운지 몰라!

내가 줄 수 있는 가장 큰 보답이 뭘까?
나도 엄청난 사랑을 주는 거야.
그 사람을 있는 그대로 사랑하는 마음을!

나봄, 《치즈덕이라서 좋아!》,
필름, 2024

38

사람은 사랑에 상처를 받기도 하지만 사람에 위로를 얻기도 한다. 그래서 우리는 수많은 속앓이를 경험했음에도 불구하고 누군가와의 만남을 계속해서 그린다. 이번만큼은 다르길, 이번만큼은 정말 마지막이길 하면서 말이다. 사랑에 울기도 하지만 사람에 웃기도 하니까.

권용휘, 《계절의 단상》,
시선과단상, 2023

39

마음을 다해본 사람은 알고 있다. 붙잡으려 애를 써도 잡히지 않는 사람이 있는 한편, 무슨 일을 하더라도 평생 내 편이 되어줄 사람이 있다는 것을.

김상현, 《내가 죽으면 장례식에 누가 와줄까》,
필름, 2020

40

"결국 배리 할머니도 마음이 통하는 분이었어요. 처음에는 절대 그런 줄 몰랐죠, 매튜 아저씨처럼 처음부터 알 수 있는 건 아니었어요. 그런데 시간이 흐르면서 알게 됐어요. 마음이 통하는 사람들이 생각보다 많다는 걸요. 세상에 이렇게 마음이 맞는 사람들이 많다는 걸 알게 되는 건 정말 행복한 일이에요."

루시 모드 몽고메리,《빨간 머리 앤》

41

인간관계에서 우리의 목표는 상대방이 나를 사랑하게 만드는 것이 아니라 우리가 자신의 가치관에 맞게 행동하는 것, 그리고 상대방에게 친절하고 배려하는 사람이 되는 것이어야 한다. 다른 사람들이 우리를 사랑할지 말지는 우리가 통제할 수 없는 일이지만 우리 자신의 행동과 태도는 통제할 수 있다.

비탈리 카스넬슨,
《죽음은 통제할 수 없지만 인생은 설계할 수 있다》,
함희영 옮김, 필름, 2025

42

사랑을 마음껏 표현하자. 지금 그 마음은 표현을 해야 하는 순간이 지나가 버린 후에는 할 수 없는 일이다.

이해인,《감정은 사라져도 결과는 남는다》,
필름, 2023

에세이 4

―

하루 끝에 당신과 맛있는 걸 먹을 수 있어 참으로 행복합니다. 그런 시간들이 없었으면, 당신이 없었으면 열심히 일한들 공허함만 커져갔을 뿐입니다. 그러면 당신은 나의 원동력인가요? 당신이 없으면 열심히 일하고 성공하는 건 아무짝에도 쓸모가 없습니다.

언젠가, 나는 이별을 했습니다. 그땐 혼자가 된 스스로를 챙기기 위해 열심히 일에만 몰두했습니다. 그 덕에 수입이 평소의 서너 배는 가뿐히 뛰어넘었을 때였습니다. 분명히 그렇게만 되면 더할 나위 없이 좋고 행복할 줄로만 알았는데, 외려 '무엇을 위해서?'라는 부질없는 마음과 공허함이 나를 덮쳤습니다. 밤마다 술로 그 빈자리를 달래어야 했습니다. 술에 취해 얼른 흥을 돋우는 게 열심히 일한 데에 대한 유일한 보상이었습니다. 그때 친언니는 내게 말했습니다. "남는 게 가족밖에 없더라. 결국. 그래서 나는 엄마 아빠에게 내 모든 걸 다 주려고." 그 말에 나는 공감할 수 없었습니다. 가족도 중요하지만, 엄마에겐 아빠가 있고, 아빠에겐 엄마가 있고, 결국엔 엄마 아빠 둘만 남았듯이 내 옆자리에도 내 사랑이 필요합니다. 나는 내 사랑이 필요합니다.

어느 날, 일을 다 마친 저녁에 당신과 앉아 치킨을 먹으며 애니메이션 몇 편을 연달아 보고 있었습니다. 특별할 것 없는 지극히 평범한 저녁이었습니다. 남들 앞에선 도통 쓰지 않는 알이 두꺼운 못난이 안경을 쓰고, 맨손으로 닭 다리를 조심히 든 채 화면을 보고 실컷 웃는 당신을 보곤 깨달았습니다. 나는 이것을 위해 열심히 살고 있노라고. 바로 이 순간이 내가 살고 있는 보람이라고.

Q. 지키고 싶은 소중한 순간이 있나요?

Q. 처음엔 어색했지만 지금은 소중해진 관계가 있나요?

Q. 사랑이라고 생각하는 일상의 순간이 있나요?

4장

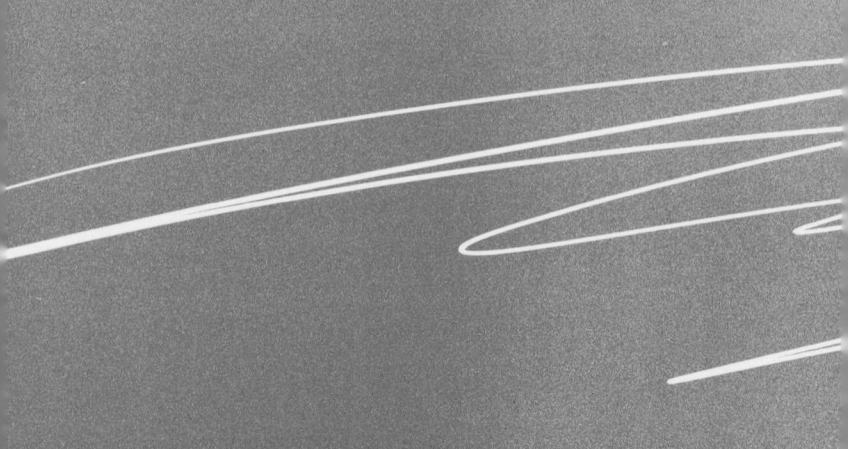

질투하는
마음

43

물론 여전히 상처에 무뎌지지 않았고, 흉은 남아 있다. 그럼에도 나는 닫았던 마음의 문을 다시 열었다. 결국 타인과의 관계라는 것이 상처를 주고받을 수밖에 없음을 알기 때문이다.

안리나, 《불완전한 것들의 기록》,
필름, 2020

44

우리가 삶을 사랑하는 까닭은, 삶의 타성 때문이 아니라 사랑이 늘 우리 곁에 있기 때문이다. 사랑에는 항상 광기가 들어 있다. 그러나 광기에는 항상 이성이 내재되어 있다.

프리드리히 니체,《세상을 어떻게 이해할 것인가》,
이동진 옮김, 해누리기획, 2019

45

사랑이란 그러므로 붉은 신호등이다. 켜지기만 하면 무조건 멈춰야 하는, 위험을 예고하면서 동시에 안전도 예고하는 붉은 신호등이 바로 사랑이다.

양귀자, 《모순》,
쓰다, 2013

46

요즘은 그렇다.
나는 당신을 떠올릴 때마다
이별과 어울리는 사람이라는 생각이 들기도 한다.
나는 그랬어야 한다.
당신을 다 안다고 생각할 때마다
당신을 더 알고 싶어 했어야만 했다.

익숙한 것들은 보통 슬픈 결말을 가져오곤 한다.

김상현,《그럼에도 불구하고》,
필름, 2017

47

가라 하는 님의 마음

가려는 나의 가슴

보내기 싫은 님은

가기 싫은 나를

부여잡고 눈물을 흘렸어라

허민, 〈이별〉

48

좋든 나쁘든 모든 것이 죽어버린 방들
그중 우리가 죽은 듯 누워있는 방이 있다
매일 아침 우리는 깨어나고, 다시 잠든다
햇빛 아래서, 빗속에서 갈수록
조용해지고, 탁해지는 어떤
다른 침대 위에서 있는 것처럼

샬롯 뮤, 〈방들〉

49

사랑을 받을 때는 버림받을 때를 생각하고,
평안할 때는 언제든 닥칠 불안도 염두에 두어라.
흔들리지 않는 마음은 스스로를 늘 살피는 데서
시작된다.

《명심보감》

50

"도모코, 마음이 병든 건 착실히 살아왔다는 증거란다. 설렁설렁 살아가는 놈은 절대로 마음을 다치지 않거든. 넌 한 사람을 진심으로 사랑했기 때문에 마음에 병이 든 거야. 마음의 병을 앓는다는 건, 성실하게 살고 있다는 증표나 다름없으니까 난 네가 병을 자랑스레 여겼으면 싶다."

무라세 다케시, 《세상의 마지막 기차역》,
김지연 옮김, 모모, 2022

51

나는 당신의 마음을 저버린 적 없어, 저버린 건 당신이고, 그러면서 내 마음까지도 저버린 거야.

에밀리 브론테,《폭풍의 언덕》

52

사랑이 아름답다고 하는 말은 다 거짓이었다. 사랑은 바다만큼도 아름답지 않았다. 그럼에도 사랑은 사랑이었다. 아름답지 않아도 내 속에 들어앉은 이 허허한 느낌은 분명 사랑이었다.

양귀자, 《모순》,
쓰다, 2013

53

가는 사람 안 막고 오는 사람 막으며 지냈던 나는 관계에 기대와 미련이 없는 게 아니라, 누구보다 안전한 울타리를 만들고 싶었던 것이다.

일홍,《잘 살고 싶은 마음이 어렵게 느껴질 때》,
필름, 2023

54

나는 너를 사랑했고, 추측했고
너는 나를 해석했고, 사랑했지
그럴 수도 있고 아닐 수도 있는 나를
아니, 저울과 잣대는 우리 둘 다에게 해롭지
진실한 사랑에 내 것이나 네 것은 없으니까

크리스티나 로세티,
〈내가 먼저 너를 사랑했지만, 그 후에 네 사랑은〉

55

완벽함을 찾는다면, 너는 절대 만족하지 못할 거야.

레프 톨스토이, 《안나 카레니나》

에세이 5

어제 나와 있었던 일이 자꾸 떠올라 웃음이 난다고 연락이 온 당신을 나는 괜히 나무랍니다. 하루 종일 내 생각뿐인 거냐고. 얼른 일에 매진하라고. 사실을 고백하자면, 나는 그렇습니다. 나는 당신 생각뿐입니다. 여전히 나는 당신이 익숙하다가도 낯설고, 한없이 사랑스럽다가도 이유 없이 밉상이 됩니다. 이유 없이 당신이 미워질 때는 왜 그런 것일까? 홀로 되물어 본 적이 있습니다. 짝사랑하는 상대가 내 마음을 몰라줄 때면 서러움과 원망이 올라오는 것처럼 당신을 너무 좋아해서 미워지는가 봅니다. 당신이 나를 얼마나 사랑한다 한들 나보다 더할까요. 당신을 내 마음속에 넣었다 뺄 수 없으니 내 사랑을 영영 알지 못할 당신이 밉습니다. 나 자신보다 당신을 더 사모하는 것에 스스로 질투를 느낍

니다. 당신에게. 당신이 뭔데 나를 만날 수 있느냐. 그렇게 얄미울 정도로 질투를 하는 거지요. 그것은 우리가 영원히 하나 아닌 둘이기 때문입니다.

누군가는 사랑하는 일이 둘에서 하나가 되는 과정이라고 말합니다. 제 생각은 다릅니다. 영원히 우리는 합쳐질 수 없는 완전히 다른 둘입니다. 그렇기에 이 사랑이, 가치가 있다고 생각합니다. 영원히 당신을 사랑하는 나와 나를 사랑하는 당신, 한 방향의 마음을 주고받는 둘만이 존재할 뿐입니다. 그러므로 당신은 내가 당신을 어떤 마음으로 사랑하는지, 무엇을 닮은 마음으로 사랑하는지, 알지 못합니다. 당신을 사랑하는 마음을 내가 표현하는 딱 그만큼만 가늠할 수 있을 뿐입니다. 당신을 떠올리면 여름의 과즙 냄새가 떠오르는 풋풋하고 달큰한 사랑의 맛이 아니라, 사랑하는 이를 떠나보내고 돌아오는 길의 쓸쓸하고 절절한 마음이 먼저 떠오른다는 것을요. 당신이 알기나 할까요. 그것은 영원히 내 마음이 어떤지 당신이 온전히 알 수 없기 때문입니다. 그것은 영원히 당신의 마음이 어떤지 제가 다 헤아릴 길이 없기 때문입니다. 당신을 사랑할수록 나는 외롭고 고독해집니다. 그렇기에 이 사랑이 내게 소중합니다. 내 사랑 전부를 당신에게 주고, 그 깊이를 깨달을 수 있을 때까지, 당신의 사랑 전부를 내게로 전해 받을 수 있을 때까지 외로운 사람 둘이 계속계속 옆에서 노력해야 할 테니까요.

질투의 대상이 당신이라 다행입니다. 나를 가진 사람으로서 당신을 질투하는 것을요. 다른 사람이었다면, 질투의 대상이 되는 것조차 인정할 수 없었을지도요. 나는, 나를 가장 아끼니까요. 그래서 내가 사랑하는 당신을 애지중지할 거니까요. 참 이상한 삼각관계입니다. 나와 나를 사랑하는 당신과, 당신을 사랑하는 나와의 이상한 삼각관계요.

Q. 질투를 느껴본 적 있나요?

Q. 사랑이 커질수록 불안해졌던 순간이 있나요?

Q. 사랑한다는 말 대신, 괜히 미운 말을 한 적이 있나요?

5장

이별과 함께 살아가기

에세이 6

'우리는 이별을 해야 합니다. 사랑에서는 배울 것이 없어요.'

이 글을 7년에 걸쳐 써왔습니다. 우리는 이별을 해야 한다고요. 지금껏 겪어 온 수많은 이별이, 저를 다시 사랑 앞에 세웠습니다. 이별을 할 때마다 저는 늘 새로이 배우고, 다시 사랑을 써 내려갈 힘을 얻었지요. 조금 과장을 보태어 말하자면, 저는 외려 이별을 하려고 사랑을 하는 것 같기도 했습니다. 저에겐 사랑이 이별보다 아팠기 때문입니다. 사랑은 제게 집착하고, 폭력을 휘두르고, 저를 지독한 외로움과 고독에 빠지게 했습니다. 사랑에 빠진 미친 듯한 열정은, 잠시의 고독도 견디지 못할 만큼 저를 외로운 사람으로 만들었습니다. 화염과도 같은 사랑으로부터 벗어날 때면 저는 말로 다할 수 없는 해방감을 느꼈습니다. 이별에 휘청일 때마다 새롭게 다짐했습니다. 누구보다도 나를 제일로 사랑하겠노라고. 그래서 나를 나보다 더 사랑해 줄 사람이 아니면 만나지 않겠노라고.

오랜 시간이 지난 뒤에야 그런 사람을 만났습니다. 나를 당신 자신보다 더 아껴주는 사람. 내가 나일 수 있도록 오히려 자신을 희생하려는 사람을. 그런 당신의 앞에선 당신을 사랑하는 제 마음조차 이기적으로 느껴집니다. 저는 당신의 입장과는 상관없이 오로지 제 마음만을 전부 소진해 당신을 사랑하기 때문입니다. 당신을 사랑합니다. 그러나 저는 여전히 이별을 생각합니다. 언젠간 반드시 떠나게 될 당신을….

영원한 것은 절대 없다는 흔하디흔한 말처럼, 아무리 사랑하는 당신이라도 언제까지고 제 옆에 있지 못 할 것을 압니다. 우리가 사는 동안 헤어지게 될 거라는 말이 아닙니다. 우리가 품은 사랑에 비해 우리가 가진 유한한 시간이 너무도 짧기만 하기 때문입니다. 남은 시간이 고작 60년 남짓이라니요. 당신을 사랑하는 내 마음은 끝이 없을 것만 같은데. 그 큰 사랑 앞에 남은 시간은 초라할 만큼 너무나도 작고 소중하기만 합니다.

죽으면 더 이상 당신을 볼 수 없다는 사실이 저를 조급하게 합니다. 조금의 시간도 싸우느라, 언쟁하느라 낭비하고 싶지 않습니다. 되도록 당신에게 찰싹 달라붙어 떨어지고 싶지 않을 만큼요. 그러다 가끔 당신에게 토라지는 일이라도 생기면 곧잘 후회하곤 합니다. 그게 뭐라고 당신에게 싫은 소리를 해야 했을까. 우리에게 남은 시간이 60년밖에 없는데. 왜 사람들은 모를까요? 우리에게 남은 시간이 덧없이 짧음을. 사랑할 시간이 얼마 없다는 것을.

그래서 저는 여전히 이별을 해야 한다고 믿습니다. 이별을 '생각'해야 합니다. 사랑에서는 배울 것이 없습니다. 사랑이

주는 '열정'에서는 배울 것이 얼마 없다고요. 사랑에 휩싸여 버린 열정은 우리를 장님으로 만듭니다. 우리가 가진 시간이 얼마 없다는 것을 보지 못하게 만듭니다. 우리는 이별을 생각해야만 합니다. 모든 것은 반드시 끝이 있는 것이라고….

56

진정한 사랑은 곳이 없다
진정한 사랑은 애인의 포옹만 사랑할 뿐 아니라
애인의 이별도 사랑하는 것이다

한용운, 〈이별〉

57

관계가 끝났다고 인연이 끝나는 것은 아니니까. 가장 한심스러운 일은 갑작스레 떠오르는 기억을 미련이라 착각하는 것이기에, 새어나오는 노랫말에 인연을 흘려보내야 한다.

이솜,《얼어 죽어도 아이스 아메리카노》,
필름, 2020

58

당신의 사랑이 죽은 후로
내 마음이 어떤지 나는 알아요
작은 물웅덩이를 품고 있는
텅 비어있는 선반 같아요
밀물과 썰물 사이에 남겨진 채
가장자리 안쪽으로부터 말라가는
작고 미지근한 물웅덩이 같아요

에드나 세인트 빈센트 밀레이, 〈썰물〉

59

역시 불완전한 사랑보다 확실한 이별이 차라리 낫다.

안시내, 《행복은 언제나 당신의 편》,
필름, 2025

60

그립다
말을 할까
하니 그리워

그냥 갈까
그래도
다시 더 한 번…

김소월, 〈가는 길〉

61

죽기 전까지, 그 모든 것은 삶이다.

미겔 데 세르반테스,《돈키호테》

62

과학을 신봉하던 사람도 사랑하는 사람의 죽음 앞에서는 지푸라기라도 붙잡게 된다. 그것이 헛된 사이비의 유혹이라고 해도 말이다.

비탈리 카스넬슨,
《죽음은 통제할 수 없지만 인생은 설계할 수 있다》,
함희영 옮김, 필름, 2025

63

사랑은 그 자체만으로 존재합니다.
소유하지 않고, 소유될 수도 없으며,
누구에게 무엇을 기대하지도 않아요.
사랑은 그 자체로 이미 충분하니까요.

칼릴 지브란, 《예언자》

64

가슴이 뜨거워질 만큼 화날 일도 없었는데, 우리는 왜 이렇게 많이 헤어지고 있을까. 그런 걸 생각해보면 떠난다는 건 미워서가 아니라 아무렇지 않아서 생기는 일 같다.

구슬기,《쉽게 사랑하고 어렵게 미워하고 싶지만》, 발코니, 2022

65

바람은 다시는 불지 않을 것이다

지금처럼, 우리에게 불었던 것처럼

별들도 다시는 지금처럼 빛나지 않을 것이다

10월이 돌아오기도 전에

피바다가 우리를 갈라놓을 것이다

그리고 너는 네 가슴 속 사랑을

나는 내 가슴 속 사랑을 부숴야 할 것이다

에밀리 브론테, 〈집은 조용하다〉

66

오, 달콤한 감정들이여, 마음을 부드럽게 감싸던 조화와 평화, 사랑의 첫 황홀경이 녹아내리던 행복이여. 어디에 있는가, 어디에 있는가?

이반 세르게예비치 투르게네프, 《첫사랑》

67

소유할 수 없음이 사랑이라.

그 마음이 자꾸만 안타깝고 애처롭고 그리운 것이 사랑이라.

그것만이 사랑이라. 너는 이별을 했고 이별에게서.

그렇지만 사랑을 빼앗아 와야 한다.

오주환, 《잘 살고 싶은 마음》,
필름, 2018

68

내가 떠나게 되었을 때, 나를 기억해 줘요
아주 멀리 떠나 조용한 나라에 있을 때
더는 당신이 내 손을 잡을 수 없고,
나는 뒤돌아설 몸짓도 없게 될 때
매일 함께 미래를 이야기하던 그 시간들
이제는 들을 수 없을 그 모든 말들
그저, 기억해 줘요 당신도 알잖아요
그땐 아무런 충고나 기도도 소용없다는 걸

크리스티나 로세티, 〈기억해 줘요〉

69

나는 전에도 말하였지만 영민 씨를 나는 참으로 사랑했습니다. 참사랑은 자기보다 상대편을 더 사랑하는 것입니다. 그래서 자기를 희생하는 데까지 이르지요. 나는 진정으로 고백합니다. 영민 씨의 행복에 방해되지 않으려고 내 스스로의 불행한 길을 밟습니다.

노자영, 〈영원한 이별〉

에세이 7

내가 널 얼마나 사랑하냐면,

너와 함께 일생을 겨우 보내고

죽을 때가 다 되어서도 나는

"아, 아직 부족해!"

라고 말할 거야.

Q. 이별 후에 깨달은 것들이 있나요?

Q. 나를 나보다 사랑해주는 사람이 있었나요?

Q. 오늘이 마지막 날이라면, 사랑하는 사람에게 어떤 말을 해주고 싶나요?

6장

여전히
새로 쓰는 사랑

에세이 8

당신에게 고마움과 사랑을 새롭게 배웁니다.

당신 덕분에 저는 매일 사랑에 대해 쓸 수 있었습니다.

분명 다 아는 사랑이라고 생각했는데,

흔한 이별이라고 여겼는데,

당신을 만난 뒤론 모든 것이 다시 새로워졌습니다.

저는 당신을 통해 사랑이란 큰 감사임을 배웁니다.

이별이란 관계의 끝이 아닌 당신의 소멸임을 배웁니다.

모든 것을 처음 배우는 마음으로, 오늘도 써 내려갑니다.

오늘도 저는 당신을 씁니다.

당신을 향한 제 마음을 씁니다.

당신께 받은 그 마음을 씁니다.

제 글은 당신을 만난 뒤로,

언제나 사랑으로 마무리됩니다.

오늘도 사랑으로 마무리합니다.

사랑해.

70

나는 내 마음을 들어 올려요
봄이 노란 데이지꽃으로
비를 담으려는 것처럼
담기는 것이 오직 고통뿐이라도
내 마음은 예쁜 잔이 될 거예요

꽃과 잎으로부터 배울 것이에요
빗방울에 담긴 모든 색채가
생기 없는 슬픔의 포도주를
살아있는 금으로 만드는 법을

사라 티즈데일, 〈연금술〉

71

모두가 그렇듯 나는 완전히 행복해지길 원해.
단, 모두가 그렇듯 자신만의 방식으로 말이야.

제인 오스틴,《이성과 감성》

72

"사람은 누구라도 행복해질 권리가 있어. 설령 괴롭고 슬픈 일이 있었다 해도 말이야."

유리 준, 《기적의 카페, 카에데안》,
윤은혜 옮김, 필름, 2025

73

최고의 복수는, 상처를 준 사람과 같아지지 않는 것이다.

마르쿠스 아우렐리우스,《명상록》

74

나도 변했고, 그 역시 변했을 것이다. 이제 현실이 되고 있다. 각자 다른 사람이 되어 우리가 다시 서로를 만날 수도 있다는 것이. 우리는 사랑, 경험, 상실 등 많은 것들로 결속되어 있었다. 눈 녹듯, 그 모든 유대가 사라진다는 것은 불가능해 보였다.

데비 존슨,《파인딩 조》,
황성연 옮김, 필름, 2023

75

제가 어떤 길을 선택하든 상관없어요
그 길이 어디로 이어지든 상관없어요
다만 제 마음이 무너지지 않도록,
이 집 밖으로, 저는 어디론가 가야 해요

제 마음이 어떤 상태인지 저도 잘 몰라요
머릿속에 어떤 생각이 있는지도 잘 몰라요
다만 반드시 시작해야 하는 것이 있는 것은 분명해요
그러니 이 길이 어디로 이어지든 상관없어요

에드나 세인트 빈센트 밀레이, 〈출발〉

76

다시 돌이킬 수 없는 마음도
다신 돌아가고 싶지 않은 마음도
모두 거기에 둠으로써 온전해진다.

이솜,《얼어 죽어도 아이스 아메리카노》,
필름, 2020

77

성숙하지 못한 사랑은 '그대가 필요하기 때문에 나는 그대를 사랑한다'는 것이지만 성숙한 사랑은 '그대를 사랑하기 때문에 나에게는 그대가 필요하다'는 것이다.

에리히 프롬,《사랑의 기술》,
황문수 옮김, 문예출판사, 2019

78

이별의 끝은 새로운 만남의 시작이 될 테니까. 사랑을 잃었다는 건, 사랑할 기회가 다시 생겼다는 증거가 될 테니까.

조원희(무채색), 《남에게 좋은 사람보다 나에게 좋은 사람》, 필름, 2023

79

모래알이 하나하나 흘러간다
순간들이 하나하나 떨어진다
어떤 것은 다가오고, 어떤 것은 떠나니
그 모든 걸 붙잡으려 애쓸 필요가 없다
하나씩 할 일들이 기다리고 있다
매 순간에 온 힘을 다해 살아야 한다
미래의 꿈에 들뜨지 말고
지금 이 순간이 가르쳐주는 것부터

아드리아네 앤 프록터, 〈하나하나〉

80

당신이 어릴 적 받았던 그 크나큰 사랑이 사라졌다고는 생각하지 마세요. 지금도 당신을 살게 하는 크고 아름다운 갈망이나 의지가 그때 이미 당신 안에서 자라나고 있었음을 단언할 수 있을까요? 그 사랑은 당신이 처음 마주한 깊은 고독이었고, 당신 삶에서 이룬 첫 번째 내면의 작업이었습니다. 그리고 그것은 여전히 당신의 기억 속에 또렷이 남아 있을 것입니다.

라이너 마리아 릴케,《젊은 시인에게 보내는 편지》

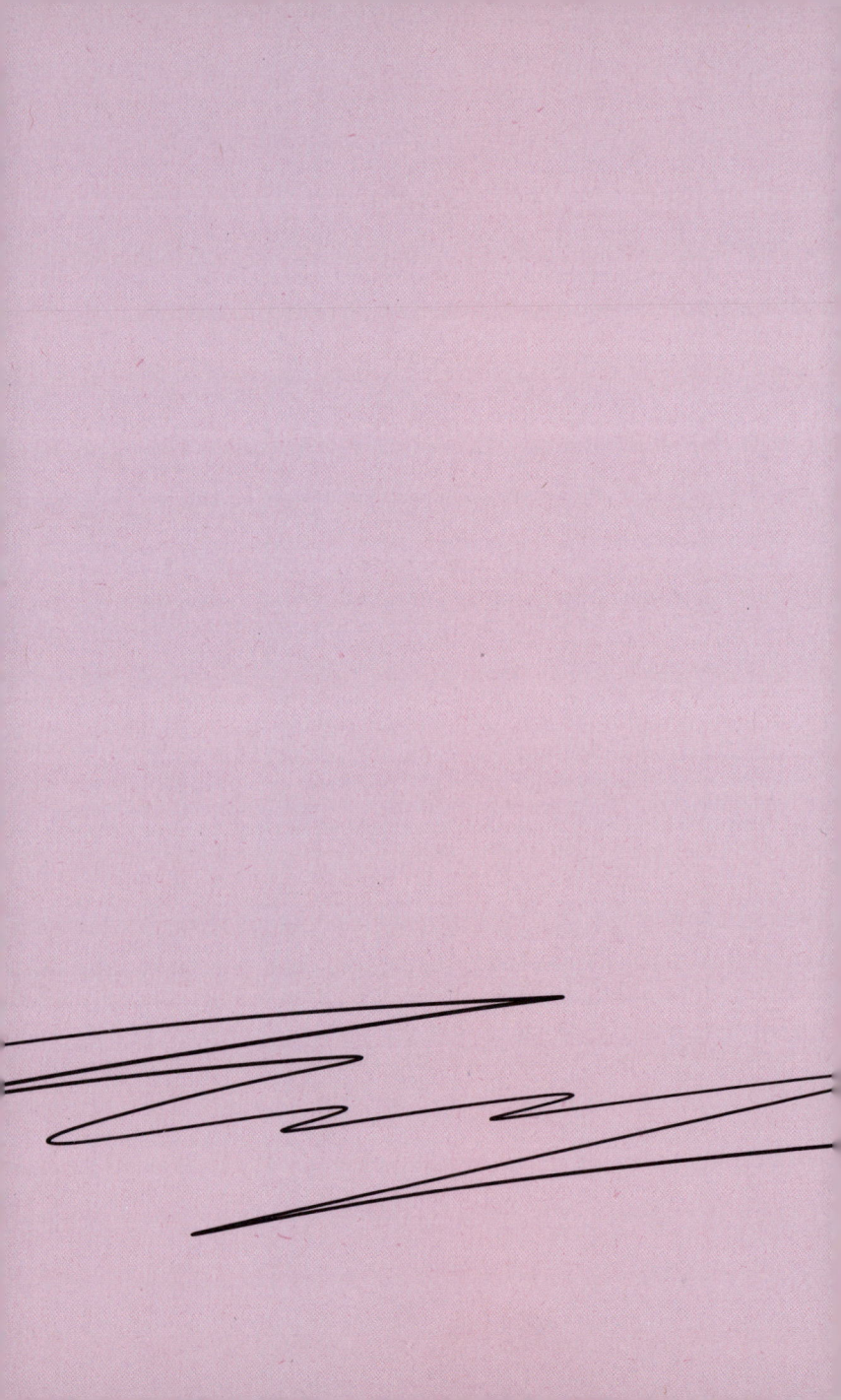

에세이 9

어떤 관계는 정의 짓기 어렵다. 연인, 친구, 배우자. 사회가 정해 놓은 어떤 관계에 대한 정의로는 설명하기 어려운 그런 관계가 있다. 교감은 그런 관계의 정의와는 상관없는 영혼의 대화. 그걸 사랑이라고 부르지 못할 이유가 있을까.

"우린 연인이에요", "그는 내 애인이에요"라 정의 짓는 말이 우리가 매일 밤 나누는 대화들만큼 어떤 중요한 의미를 줄 수가 있는 걸까.

우리의 사랑은 우리의 대화 속에, 우리의 눈빛 속에, 우리가 나누는 일상 속에 있다.

Q. 앞으로 어떤 사랑을 배우고 싶나요?

Q. 어릴 적 생각했던 사랑과 지금의 사랑이 어떻게 다른가요?

Q. 일기장에 누군가에 대해 써 본 적이 있나요?

에필로그

햇수로 약 2년째 RBCBReading Books Club라는 북클럽을 운영하고 있습니다. 1,000여 명의 사람들이 온라인에서 매일 책을 읽고, 문장들을 모으고 있는데요. (몇몇 문장은 이 책에 인용되기도 했습니다. 다 함께 모은 문장들이지요.) 그중에서도 가장 인기 있는 문장은, 남녀노소를 막론하고 바로 '사랑'에 관한 문장이었습니다. 모두가 그렇게, 눈에 잘 보이지 않는 사랑에 대한 실마리를 한 줄의 문장으로나마 얻고 싶은 거겠지요.

제가 매일 사랑을 쓰는 이유는, 사랑이 매일 다른 모습으로 제게 찾아오기 때문입니다. 오늘의 사랑은 아침엔 늦잠을 부리며 나눈 5분간의 포옹이었고, 저녁엔 배를 까고 벌러덩 누워 잠든 저를 보고, 호쾌하게 웃음을 터뜨리던 그의 웃음이었습니다. 화창한 날씨에도 불구하고, 갑작스레 소나기가 내릴 수 있듯이 내일의 사랑은 비를 잔뜩

머금은 먹구름처럼 무거울 수도 있겠지요. 그러나 저는 그 모든 것이 사랑임을 의심치 않습니다. 그래서 오늘도, 제게 주어진 사랑을 알아채기 위해 사랑을 씁니다.

오늘의 사랑은 어떤 모양이었나요?
사랑을 쓰고 보니, 사랑이 보이던가요?
이 책을 통해, 사랑의 실마리를 조금이나마 찾게 되셨기를 바랍니다.

To.

From.

사랑은 필사적

초판 1쇄 발행 2025년 6월 26일

지은이 노연경
펴낸이 김상현

콘텐츠사업본부장 유재선
출판1팀장 전수현 **책임편집** 주혜란 **편집** 심재헌
디자인 권성민 김예리 **마케팅** 이영섭 남소현 최문실 김선영 배성경
미디어사업팀 김예은 김은주 정영원 정하영
경영지원 이관행 김준하 안지선 김지우

펴낸곳 (주)필름
등록번호 제2019-000002호 **등록일자** 2019년 01월 08일
주소 서울시 영등포구 영등포로 150, 생각공장 당산 A1409
전화 070-4141-8210 **팩스** 070-7614-8226
이메일 book@feelmgroup.com

필름출판사 '우리의 이야기는 영화다'

우리는 작가의 문제와 색을 온전하게 담아낼 수 있는 방법을 고민하며 책을 펴내고 있습니다.
스쳐가는 일상을 기록하는 당신의 시선 그리고 시선 속 삶의 풍경을 책에 상영하고 싶습니다.

홈페이지 feelmgroup.com **인스타그램** instagram.com/feelmbook

© 노연경, 2025

ISBN 979-11-93262-58-0 (03800)

- 이 책 내용의 일부 또는 전부를 재사용하려면 반드시 필름출판사의 동의를 얻어야 합니다.
- 책값은 뒤표지에 있습니다. 잘못 만들어진 책은 구입처에서 교환해 드립니다.